ECUADOR

COLOMBIA

PERÚ

río Marañón
Marañón River

BRASIL

Chavín de Huántar

Pariacaca

LIMA ★

Machu Picchu

Cusco

BOLIVIA

Paracas

Nazca

lago Titicaca
Lake Titicaca

Arequipa

OCÉANO PACÍFICO
PACIFIC OCEAN

SUDAMÉRICA
SOUTH AMERICA

ÁREA DE AMPLIACIÓN
AREA OF ENLARGEMENT

OCÉANO PACÍFICO
PACIFIC OCEAN

OCÉANO ATLÁNTICO
ATLANTIC OCEAN

SHARUKO

EL ARQUEÓLOGO PERUANO / PERUVIAN ARCHAEOLOGIST
JULIO C. TELLO

MONICA BROWN

ilustraciones/illustrations **ELISA CHAVARRI**

traducción al español/Spanish translation **ADRIANA DOMÍNGUEZ**

CHILDREN'S BOOK PRESS
an imprint of Lee & Low Books Inc.
New York

AGRADECIMIENTOS

Me siento muy agradecida con el Dr. Richard Burger, profesor de Antropología titulado Charles J. MacCurdy y director de la Junta de Estudios Arqueológicos de la Universidad de Yale, y con el Dr. Henry Tantaleán de la Universidad Nacional Mayor de San Marcos y la Universidad del Sur de Florida, por revisar esta historia y por sus comentarios sobre ella.

ACKNOWLEDGMENTS

Grateful thanks to Dr. Richard Burger, Charles J. MacCurdy Professor of Anthropology and Chair of the Council for Archaeological Studies, Yale University; and Dr. Henry Tantaleán, National University of San Marcos and University of South Florida, for reviewing this story and for their valuable input.

Text copyright © 2020 by Monica Brown
Illustrations copyright © 2020 by Elisa Chavarri
Translation copyright © 2020 by Lee & Low Books Inc.
Edited by Louise E. May
Translated into Spanish by Adriana Domínguez
Designed by Christine Kettner
Produced by The Kids at Our House
The text is set in 14-point Rotis San Serif
The illustrations are rendered in watercolor and gouache
Manufactured in China by RR Donnelley
Printed on paper from responsible sources
10 9 8 7 6 5
First Edition

LIBRARY OF CONGRESS CATALOGING-IN-PUBLICATION DATA
Names: Brown, Monica, author. | Chavarri, Elisa, illustrator. | Domínguez, Adriana, translator. Title: Sharuko : Peruvian archaeologist Julio C. Tello = El arqueólogo Peruano Julio C. Tello/por/by Monica Brown ; ilustraciones por/ illustrations by Elisa Chavarri ; traducción por/translation by Adriana Domínguez. Other titles: Peruvian archaeologist Julio C. Tello | Arqueólogo Peruano Julio C. Tello. Description: First edition. | New York : Children's Book Press, an imprint of Lee & Low Books, Inc. [2020] | In English and Spanish. | Includes bibliographical references.
Identifiers: LCCN 2019032379 | ISBN 9780892394234 (hardcover)
Subjects: LCSH: Tello, Julio C. (Julio Cesar), 1880-1947—Juvenile literature. | Archaeologists—Peru—Biography—Juvenile literature. | Archaeology—Peru—History—Juvenile literature. | Peru—Antiquities—Juvenile literature. | Indians of South America—Peru—Antiquities—Juvenile literature.
Classification: LCC F3429 .B835 2020 | DDC 930.1092 [B]—dc23
LC record available at https://lccn.loc.gov/2019032379

A los niños del Perú

To the children of Peru

—*M.B.*

• • • • • • •

Para mi madre Vanina.
Gracias por tu enorme apoyo y entusiasmo por
este libro, y por siempre mantener el Perú vivo
en nuestra casa y en nuestros corazones.

For my mother, Vanina.
Thank you for your immeasurable support
and excitement for this book, and for always
keeping Peru alive in our hearts and home.

—*E.C.*

Esta es la historia de Julio C. Tello, uno de los arqueólogos más importantes de todas las Américas. Nació en el Perú el 11 de abril de 1880, bajo la sombra de los Andes, en la escarpada zona montañosa a las afueras de su capital, Lima.

Julio y su familia eran indígenas. Sus ancestros habían habitado esta región del Perú por varias generaciones. Hablaban quechua, el idioma del gran Imperio Inca que aún habla mucha de la población indígena del Perú.

This is the story of Julio C. Tello, one of the most important archaeologists in all the Americas. He was born in Peru on April 11, 1880, in the rugged highlands just outside the capital city of Lima, in the shadow of the Andes mountains.

Julio and his family were Indigenous. Their ancestors had lived in this region of Peru for generations. They spoke Quechua—the language of the great Inca Empire that is still spoken by many Native people in Peru.

De niño, Julio era valiente y curioso. Por eso lo llamaban
Sharuko, que significa "valiente" en quechua.

Sharuko siempre buscaba, examinaba y exploraba las
cuevas y los antiguos cementerios en las laderas de los picos
nevados de Pariacaca, en los Andes. Le fascinaban los huesos,
la cerámica y todos los misterios escondidos bajo la tierra.
Nada le daba miedo a Sharuko; ni siquiera los cráneos que
él y sus hermanos descubrieron en las antiguas tumbas.

As a boy, Julio was brave and curious. This earned him the nickname Sharuko, which means "brave" in Quechua. Sharuko was always seeking, searching, and exploring the caves and burial grounds he found in the foothills of Pariacaca, a snow-covered peak in the Andes. He was fascinated by the bones and pottery and other mysteries hidden in the earth. Nothing scared Sharuko, not even the skulls he and his brothers uncovered in ancient tombs.

Los indígenas del Perú fueron maltratados y discriminados por siglos.
Esto comenzó en el siglo XVI, cuando los soldados españoles invadieron el
Perú. Los españoles buscaban oro, y cuando lo encontraron, se quedaron con
la tierra y su riqueza. Lograron el control matando a grandes cantidades de
indígenas peruanos y rechazando sus creencias. Los españoles destruyeron
templos y ciudades en su búsqueda de poder y fortuna.

For centuries, the Indigenous people of Peru were treated unfairly and faced discrimination. This started in the 1500s when Spanish soldiers invaded Peru. The Spanish were looking for gold, and when they found it, they claimed the land and its riches for themselves. They established control by killing many Native Peruvians and rejecting their belief systems. The Spanish destroyed temples and cities, all in the pursuit of wealth and power.

A pesar de que los españoles trataron de destruir el lenguaje, la cultura y las costumbres de los indígenas del Perú, familias como la de Sharuko los mantuvieron y transmitieron de generación en generación.

Cuando escuchaba las historias de sus ancestros que le contaba su padre, Sharuko se sentía orgulloso de su herencia cultural. Pensaba que todos los peruanos —no solo los indígenas— deberían conocer esas historias para sentir el mismo orgullo.

Although the Spanish tried to destroy Peru's Indigenous language, culture, and customs, they were kept alive and passed on from generation to generation by families such as Sharuko's.

When he heard the stories of his ancestors from his father, Sharuko felt proud of his heritage. He thought everyone in Peru, not just Indigenous people, should know these stories and be proud too.

Los cráneos que Sharuko y sus hermanos descubrieron en las tumbas resultaron ser humanos. Su padre los envió a científicos en Lima que querían estudiarlos para aprender más sobre los ancestros peruanos. Para Sharuko, las calaveras representaban más que restos del pasado. Él sentía que formaban parte de sí mismo, de su presente y de su futuro.

The skulls Sharuko and his brothers discovered in the tombs were human skulls. Their father sent the skulls to Lima to be studied by scientists who wanted to understand more about ancient peoples. But to Sharuko, the skulls were not just bones from the past. They felt like part of him—part of his present and his future.

En la escuela —donde le decían Julio— Sharuko era un estudiante excelente.
Su tía favorita, María, era empleada doméstica en el Palacio del Gobierno en Lima,
y quiso ayudarlo a continuar sus estudios. Para ello decidió utilizar parte de su
salario para llevar a Julio a estudiar en la ciudad.

Una mañana de 1893, cuando Julio tenía sólo doce años, viajó a Lima a caballo
con su papá. Dejar a su familia y a su hogar no fue fácil, pero Julio hizo honor a
su apodo y fue valiente. Ansiaba aprender y hacer nuevos descubrimientos.

At school Sharuko was called Julio, and he was an excellent student. His favorite aunt, tía Maria, who worked in Lima as a maid in the presidential palace, wanted to help further his education. She decided to use some of the money she earned to bring Julio to the city to study.

In 1893, when Julio was twelve years old, he traveled with his father on horseback to Lima. Although leaving his family and his home was difficult, Julio lived up to his nickname. He was brave and unafraid. He was eager to learn more and make discoveries.

Dos años después de que Julio se mudara a Lima, murió su papá. Aunque su tía María seguía pagando la matrícula de su escuela, Julio tuvo dificultades para costear sus gastos en la ciudad y continuar sus estudios. Aun así, nunca se dio por vencido. Ganó dinero cargando las maletas de los viajeros en la estación de trenes. También trabajó en el consultorio de un cirujano. A Julio le fascinó lo que aprendió allí y esto lo inspiró a estudiar medicina en la Universidad Nacional Mayor de San Marcos.

About two years after Julio moved to Lima, his father died. Even though tía Maria was paying his school fees, Julio struggled to survive in the city and continue his studies. But he did not give up. He earned money by carrying luggage for travelers at the train station. He also worked in a surgeon's office. Julio was fascinated by what he learned there, and it inspired him to study medicine at the National University of San Marcos.

En la facultad de medicina Julio conoció al hijo de Ricardo Palma, un escritor peruano famoso que fue director de la Biblioteca Nacional del Perú. A Palma le llamó la atención la inteligencia y la curiosidad de Julio y pronto lo contrató para trabajar en la biblioteca.

Un día en la biblioteca, Julio halló un artículo sobre los cráneos que él y sus hermanos habían encontrado de niños. Este descubrimiento volvió a despertar el orgullo que Julio sentía por sus ancestros. Decidió aplicar lo que había aprendido en la facultad de medicina para estudiar la historia de los indígenas de su país.

At medical school Julio met the son of Ricardo Palma, a famous Peruvian writer and director of the National Library of Peru. Julio's intelligence and curiosity caught Palma's attention, and soon Palma hired Julio to work in the library.

One day at the library, Julio came across an article about the skulls he and his brothers had found as children. This discovery renewed Julio's pride in his ancestry. He decided to devote his medical skills to the study of the Indigenous history of Peru.

Julio comenzó a examinar los cráneos él mismo. Halló evidencia de cirugías exitosas en ellos. También estudió momias e identificó enfermedades comunes de la época y sus tratamientos. Julio dedujo que sus ancestros indígenas habían sido curanderos brillantes y hábiles.

Unos años después, Julio escribió un informe sobre sus descubrimientos que recibió premios e impresionó a los intelectuales más importantes del Perú. Desde ese momento, toda Lima comenzó a hablar de Julio C. Tello y del amplio conocimiento que poseía sobre sus ancestros peruanos y su historia.

Julio began examining the skulls himself. He found evidence that successful brain surgeries had been performed. He also studied mummies and identified common diseases and how they had been treated. Julio realized that his Indigenous ancestors were gifted and resourceful healers.

After a few years, Julio wrote an award-winning report about his findings, which impressed the leading scholars in Peru. Soon people all over Lima were talking about Julio C. Tello and his wide knowledge of Peru's ancient history and people.

Después de graduarse de la facultad de medicina en 1909, Julio se embarcó hacia Estados Unidos para estudiar en la Universidad de Harvard. Allí se enfocó en la antropología y la arqueología, y aprendió más sobre los antiguos pueblos americanos por medio del estudio de huesos, herramientas y otros objetos que estos habían dejado atrás.

Julio recibió su doctorado de Harvard en 1911. De allí viajó a Europa para continuar sus estudios y para enseñar. Regresó a Perú en 1913 y trabajó como arqueólogo en el Museo de Historia Natural de Lima. Julio se dedicó a observar y a documentar las ceremonias de los indígenas y sus prácticas agropecuarias. Esto lo ayudó a comprender más sobre la vida cotidiana de sus ancestros peruanos.

In 1909, after graduating from medical school, Julio sailed to the United States to attend Harvard University. There he focused on anthropology and archaeology, learning more about the ancient peoples of the Americas through the study of bones, tools, and other items they left behind.

Julio received his graduate degree from Harvard in 1911. He then traveled to Europe to continue his education and teach. He returned to Peru in 1913 and worked as an archaeologist at the Museum of Natural History in Lima. Julio spent time observing and recording Native ceremonies and farming activities, which helped him understand the daily life of ancient Peruvians.

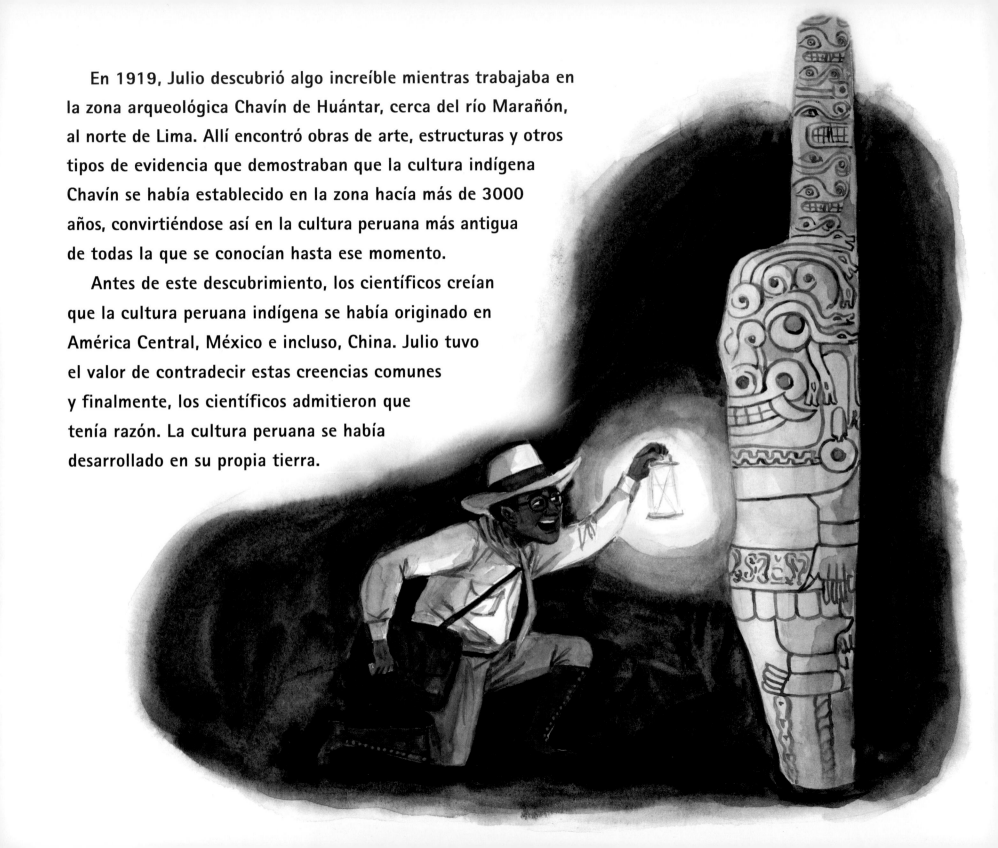

En 1919, Julio descubrió algo increíble mientras trabajaba en la zona arqueológica Chavín de Huántar, cerca del río Marañón, al norte de Lima. Allí encontró obras de arte, estructuras y otros tipos de evidencia que demostraban que la cultura indígena Chavín se había establecido en la zona hacía más de 3000 años, convirtiéndose así en la cultura peruana más antigua de todas la que se conocían hasta ese momento.

Antes de este descubrimiento, los científicos creían que la cultura peruana indígena se había originado en América Central, México e incluso, China. Julio tuvo el valor de contradecir estas creencias comunes y finalmente, los científicos admitieron que tenía razón. La cultura peruana se había desarrollado en su propia tierra.

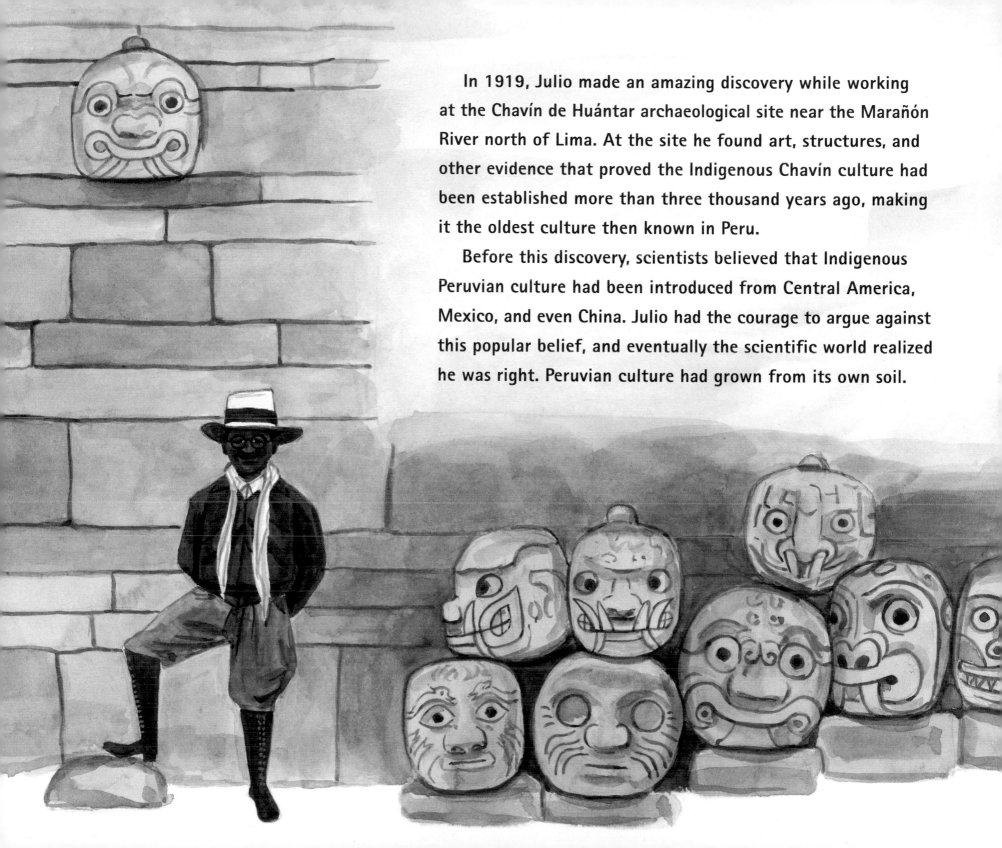

In 1919, Julio made an amazing discovery while working at the Chavín de Huántar archaeological site near the Marañón River north of Lima. At the site he found art, structures, and other evidence that proved the Indigenous Chavín culture had been established more than three thousand years ago, making it the oldest culture then known in Peru.

Before this discovery, scientists believed that Indigenous Peruvian culture had been introduced from Central America, Mexico, and even China. Julio had the courage to argue against this popular belief, and eventually the scientific world realized he was right. Peruvian culture had grown from its own soil.

En 1927, Julio comenzó a investigar la zona arqueológica de los antiguos paracas, un grupo indígena que había vivido al sur de lo que hoy es Lima hace más de 2500 años. Los paracas poseían un tremendo conocimiento sobre el agua y los sistemas de irrigación, y también crearon unos de los tejidos más hermosos del mundo. Julio también descubrió un antiguo cementerio con momias que mostraban la forma en que los paracas rendían homenaje a sus muertos.

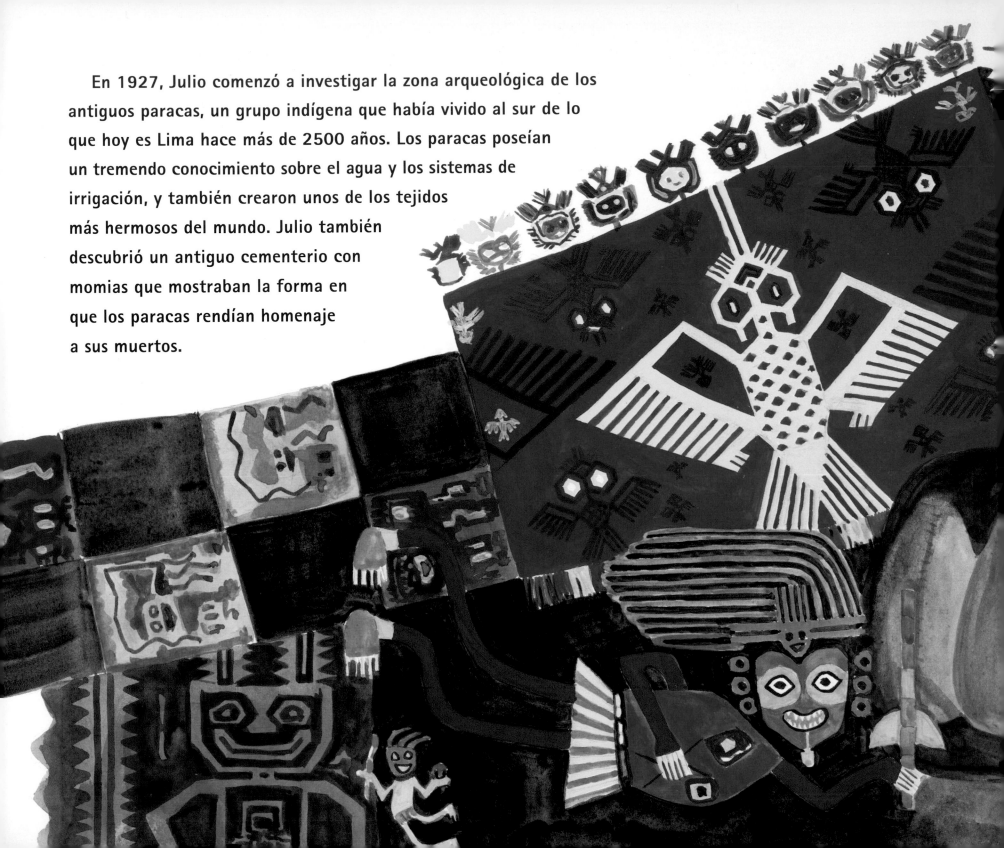

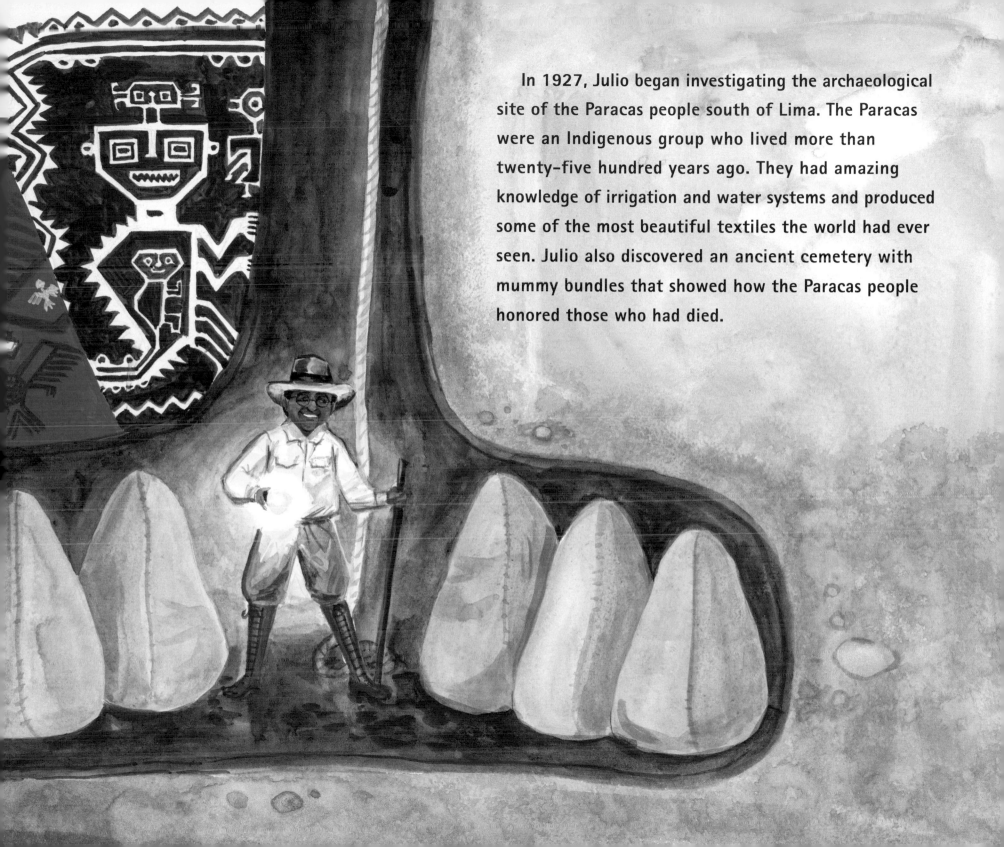

In 1927, Julio began investigating the archaeological site of the Paracas people south of Lima. The Paracas were an Indigenous group who lived more than twenty-five hundred years ago. They had amazing knowledge of irrigation and water systems and produced some of the most beautiful textiles the world had ever seen. Julio also discovered an ancient cemetery with mummy bundles that showed how the Paracas people honored those who had died.

Durante toda su vida, Julio buscó, examinó, exploró y trabajó para proteger y preservar los tesoros históricos de su país que encontró por su camino. Pero eso no le bastó. Creía que lo que había descubierto en Chavín de Huántar, Paracas y otras zonas arqueológicas pertenecía a todos los peruanos. Deseaba que todos conocieran la belleza de sus ancestros y la historia viva de los indígenas del Perú.

En 1939, el deseo de Julio se convirtió en realidad cuando se convirtió en director del nuevo Museo de Antropología, donde pudo compartir sus descubrimientos con todos los peruanos.

Throughout his life, Julio was always seeking, searching, and exploring, and he worked to protect and preserve the historical treasures he found. But that was not enough. He believed that what had been uncovered at Chavín de Huántar, Paracas, and other archaeological sites belonged to all Peruvians. He wished for them to know the beauty of their ancestors and the living history of Indigenous Peru.

In 1939, Julio's wish came true. He was appointed director of the new Museum of Anthropology, where his discoveries were on display for all Peruvians to see.

Julio C. Tello falleció el 3 de junio de 1947. Fue el primer y más importante arqueólogo indígena del Perú y continúa siendo muy querido por su gente. Antes de sus descubrimientos, la historia indígena peruana había sido relatada por forasteros y se había enfocado en acontecimientos ocurridos después de la conquista española. Julio demostró que la historia de Perú había comenzado mucho antes. Las grandes civilizaciones de su país tenían miles de años.

Gracias a un señor inteligente, valiente y curioso conocido como Sharuko, hoy personas de todas partes del mundo conocen la larga historia del Perú y su cultura y tradiciones indígenas. Ahora los peruanos cuentan sus propias historias.

Julio C. Tello died on June 3, 1947. He was the first and greatest Indigenous archaeologist of Peru, and he is still beloved by Peruvians. Before him, stories of Peru's history were told by outsiders and focused on events following the Spanish conquest. But Julio proved that Peru's history began long before that. The great civilizations of his country's past were thousands of years old.

Thanks to the smart, brave, and curious man once known as Sharuko, people around the world today know of Peru's long history and its living Native culture and customs. And now Peruvians tell their own stories.

JULIO C. TELLO, 1926

EPÍLOGO

La arqueología o estudio de culturas antiguas por medio del análisis de artefactos como cerámica, herramientas, estructuras, etc., y sus restos, es una disciplina problemática. Lo es, en parte, porque algunos arqueólogos valoran únicamente la información que reciben por medio de artefactos en lugar de consultar con expertos vivos, especialmente indígenas, quienes poseen un profundo conocimiento de las tradiciones y los modos de pensar de su gente. En muchos casos, los arqueólogos han interpretado las culturas indígenas desde un punto de vista exclusivamente occidental, en vez de uno indígena. Julio César Tello dedicó su vida a cambiar esta dinámica. Como peruano indígena que hablaba el quechua, relató la historia del Perú desde un punto de vista indígena. Quería que el mundo conociera y comprendiera la brillantez de los indígenas peruanos y su cultura.

Como arqueólogo, Tello descubrió muchas zonas arqueológicas importantes, como Chavín de Huántar, la cual ha sido declarada Patrimonio de la Humanidad por la UNESCO y contiene el hermoso obelisco tallado, nombrado Tello en su honor. También desenterró antiguos tejidos y cientos de fardos funerarios de la península de Paracas. En 1936 y con la ayuda de Alfred L. Kroeber y otros científicos, Tello fundó el Instituto de Estudios Andinos. Enseñó el método científico a toda una nueva generación de arqueólogos peruanos y hoy en día es considerado el fundador de la arqueología peruana. Tello sentía una verdadera pasión por la investigación, la conservación y la educación. Creía que la conquista del Perú a manos de los españoles había sido una verdadera catástrofe que destruyó el espíritu indígena peruano. Sentía con toda su alma que, para prosperar y fomentar el orgullo nacional, era necesario que el Perú celebrara la gloria y el ingenio de su pasado y de su presente indígena. A Tello le preocupaba el maltrato de los indígenas peruanos, por lo que se postuló para un puesto en el congreso nacional en 1917 y lo ganó con la ayuda del voto de los habitantes de su región andina. Desde allí, trabajó para mejorar la salud y la educación de los indígenas.

Uno de los legados más importantes de Tello fue la fundación del Museo de Antropología, el cual hoy forma parte del Museo Nacional de Arqueología, Antropología e Historia del Perú, en Lima. Es allí donde Julio C. Tello fue enterrado, cerca de los miles de artefactos que él mismo recobró de las antiguas zonas arqueológicas. —M.B.

NOTA DE LA ILUSTRADORA

Si conoces a los peruanos, sabes que no perdemos oportunidad de alabar a nuestro país y cultura. Perú es un sitio donde las zonas arqueológicas abundan y el pasado se halla vivo en el presente. Julio C. Tello es alguien que inspira orgullo en lo nuestro. Sus descubrimientos revelaron detalles fascinantes sobre las sofisticadas culturas peruanas antiguas. Como el primer arqueólogo indígena de las Américas, sus descubrimientos se desarrollaron desde el singular punto de vista de alguien que estudiaba a sus propios ancestros.

La oportunidad de ilustrar un libro sobre un hombre que enseñó a los peruanos tanto sobre nuestra herencia cultural ha sido muy especial para mí. En mis imágenes, intento aludir a las obras de arte increíbles de las culturas mencionadas en la historia. Por ejemplo, las guardas muestran cabezas clavas (cabezas de piedra esculpida) de la zona arqueológica Chavín de Huántar. Las decoraciones en las páginas dedicatorias exhiben detalles de tejidos paracas. En las páginas sobre el descubrimiento de Chavín, la ilustración a la izquierda muestra El Lanzón (un ídolo de piedra esculpido en forma de lanza) y la ilustración a la derecha muestra cabezas clavas. En las páginas que les siguen incluí varios tejidos paracas más. Espero que mis imágenes ofrezcan una mirada hacia el rico pasado peruano y que le rindan homenaje a uno de nuestros próceres nacionales, Julio C. Tello. —E.C.

AFTERWORD

Archaeology, the study of the history of ancient human cultures through examination of artifacts and material remains (pottery, tools, structures, etc.), has been a discipline fraught with problems. In part this is because some archaeologists have placed value only on Indigenous artifacts instead of consulting with living experts, especially Indigenous people with deep knowledge of traditions and culturally specific ways of knowing. Many archaeologists have also interpreted ancient Indigenous cultures through an exclusively Western lens. Julio César Tello made it his life's work to change this dynamic. As an Indigenous Peruvian and Quechua speaker, he told the story of Peru's past from a Native perspective. He wanted the world to know and understand the brilliance of Peru's Indigenous people and culture.

As an archaeologist, Tello was responsible for discovering several important sites, including Chavín de Huántar, now a UNESCO World Heritage Center, which contains the beautifully carved Tello Obelisk. He also unearthed ancient textiles and hundreds of mummy bundles on the Paracas Peninsula. In 1936, Tello cofounded, with Alfred L. Kroeber and other scientists, the Institute of Andean Studies. He introduced the scientific method to a new generation of archaeologists in Peru and is known as the founder of modern Peruvian archaeology. He was passionate about research, conservation, and education. He believed the Spanish conquest of Peru was a catastrophe, destructive to the Indigenous spirit. He felt passionately that Peru's future prosperity and nationalism needed a base of pride in the country's brilliant and glorious Indigenous past and living present. Because Tello was concerned about the treatment of Native Peruvians, he ran for Peru's national congress in 1917 and was elected by voters from his mountain homeland. He worked to improve the health and education of Indigenous people.

Another of Tello's lasting legacies was the founding of the Museum of Anthropology, which still exists today as part of the National Museum of Archaeology, Anthropology, and History of Peru in Lima. This is where Julio C. Tello is buried—near thousands of artifacts he himself recovered from ancient sites. —M.B.

ILLUSTRATOR'S NOTE

If you have ever met any Peruvians, you know we will take any opportunity to rave about our country and culture, a place where the past mingles with the present and archaeological sites abound. Julio C. Tello is one of these points of pride. The discoveries he made revealed fascinating details about Peru's sophisticated ancient civilizations. As the first Indigenous archaeologist of the Americas, his discoveries came from the unique perspective of someone studying his own ancestors.

The opportunity to illustrate a biography about the man who taught Peruvians so much about our own ancestry has been very special for me. In the images I referenced the incredible art and artifacts from the cultures mentioned in the story. For example, the endpapers show cabezas clavas (carved stone heads) from the Chavín de Huántar site. The decorations on the dedication spread are details of Paracas textiles. On the Chavín discovery pages, the illustration on the left shows El Lanzón (stone idol in the shape of a spear), and the illustration on the right shows more cabezas clavas. And on the following spread I included many more Paracas textiles. My hope is that my images provide a glimpse into Peru's rich past and honor one of our national heroes, Julio C. Tello. —E.C.

FUENTES DE LA AUTORA/ AUTHOR'S SOURCES

Burger, Dr. Richard L. Email correspondence with the author, September and October 2018.

——. *The Life and Writings of Julio C. Tello: America's First Indigenous Archaeologist.* Iowa City: University of Iowa Press, 2009.

Daggett, Richard E. "Andean Past Monograph 1: Julio C. Tello, Politics, and Peruvian Archaeology 1930–1936." University of Maine, Orono, Department of Anthropology, 2016. https://digitalcommons.library.umaine. edu/cgi/viewcontent.cgi?article=1004&context=andean_past_special.

——. "The Life and Writings of Julio C. Tello: American's First Indigenous Archaeologist." Indigenous Peoples Literature blog, December 28, 2011. http://indigenouspeoplenet. blogspot.com/2011/12/life-and-writings-of-julio-c-tello.html.

"Julio C. Tello, 'Sharuko'. Día del fallecimiento. Padre de la Arqueologia Peruana." Humanidades y Ciencias blog, June 1, 2010. http://hombresapiens.blogspot.com/2010/06/julio-c-tello-sharuko-dia-del.html.

"Sucedió en el Perú: Julio Cesar Tello." YouTube video. https://www.youtube.com/watch?v=K6fZJTGTYZI.

Tantaleán, Dr. Henry. Email correspondence with the author, September and November 2018.

——. *Peruvian Archaeology: A Critical History.* London and New York: Routledge/Taylor & Francis, 2014.